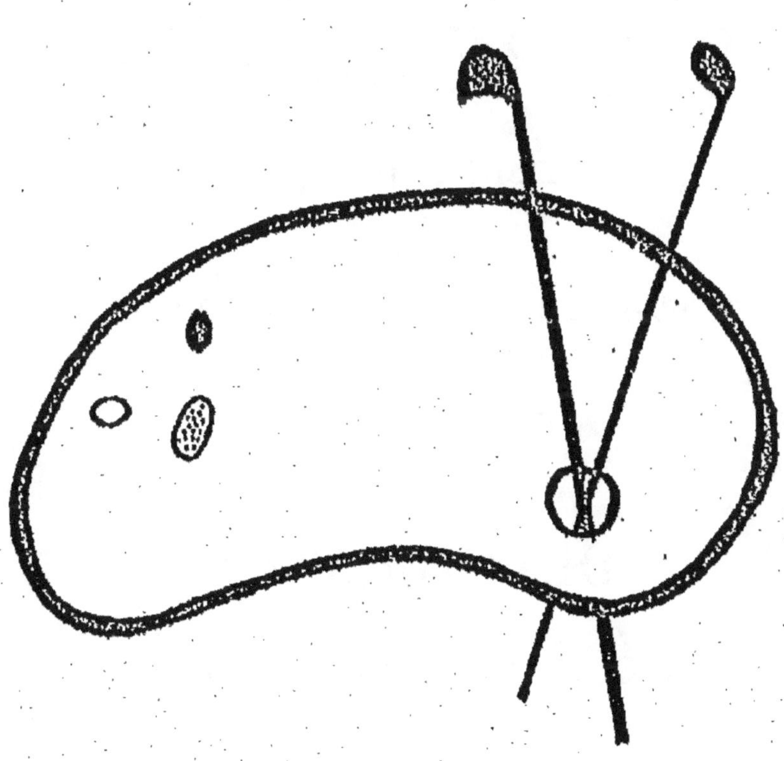

DEBUT D'UNE SERIE DE DOCUMENTS
EN COULEUR

HISTOIRE DU M'ZAB

(Beni-Isguen)

PAR

BRAHIM BEN YOUB

DESIDERATA

DE LA CONFÉDÉRATION M'ZABITE

CONSTANTINE

IMPRIMERIE SCHWAB-WELLING, 38, RUE NATIONALE

—

1890

Constantine. — Imp. Schwab-Welling,
38, rue Nationale, 38

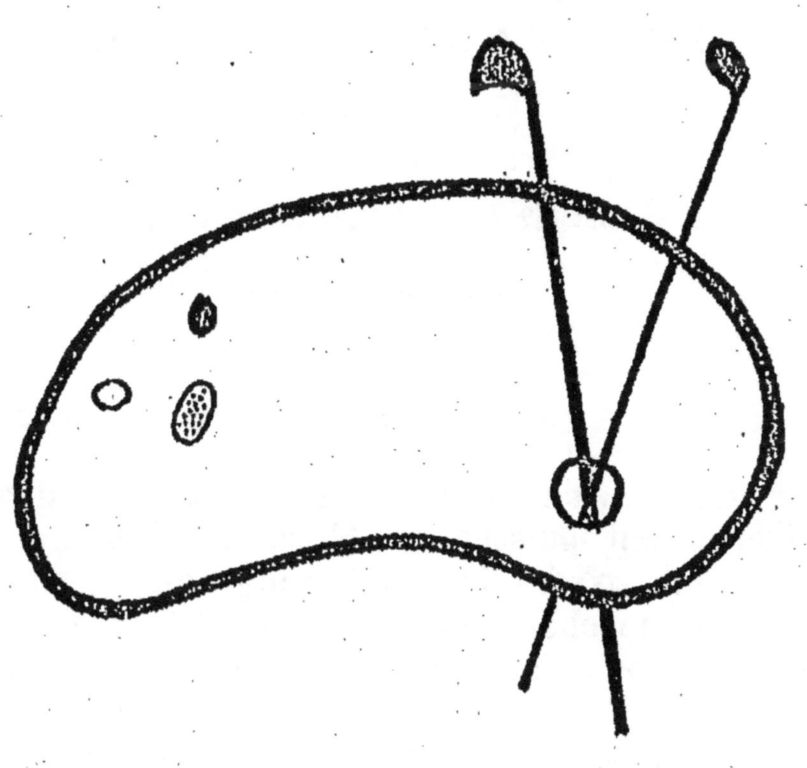

FIN D'UNE SERIE DE DOCUMENTS
EN COULEUR

HISTOIRE DU M'ZAB

(Beni-Isguen)

Par BRAHIM BEN YOUB

Desiderata de la Confédération M'zabite

Louanges à Dieu, à lui seul !

Cet opuscule a pour but de faire connaître la liberté dont jouissent les Mozabites depuis l'époque où ils se sont fixés au M'zab jusqu'à nos jours. Quiconque cherchera à modifier l'état de choses existant, ou à l'altérer, devra répondre de sa conduite devant Dieu, le meilleur des mandataires, qui lui en demandera compte, en tant que les innovateurs soient Mozabites.

Le pays du M'zab, ou plutôt la contrée des Beni-Isguen, était à l'origine une petite localité comprenant un nombre d'habitants très restreint.

La région des Beni-Isguen comprenait seulement trois tribus :

Les Ouled-Anane ;

Les Ouled-Mouça ;

Et les Ouled-Idder.

Ce sont les membres de ces tribus qui gouvernaient le pays, tant au point de vue administratif qu'au point de vue judiciaire.

L'organisation du gouvernement était la suivante :

Douze hommes étaient préposés à la gestion des affaires ; chacune des trois tribus désignait un notable : à chacun de ces notables étaient attachés deux adjoints qui l'assistaient.

Lorsqu'il y avait lieu d'examiner une affaire, les trois notables et leurs adjoints se rendaient auprès du président, assisté aussi de deux adjoints, ce qui faisait douze membres.

L'assemblée, ainsi constituée, se réunissait en un lieu déterminé et décidait de l'affaire qui lui était soumise, que l'affaire se rattachât à une question d'ordre administratif ou à une question d'ordre judiciaire.

Il en était de même à l'égard des femmes : elles étaient gouvernées les unes par les autres, quant aux questions qui intéressent spécialement et exclusivement leur sexe.

Une pareille organisation donnait aux habitants toutes les garanties de justice et d'impartialité ; les pouvoirs publics étant établis sur des bases définies, l'agitation des passions ne pouvait trouver place : tout le monde était dans l'obéissance.

C'est grâce à cette situation que le pays avait pris de l'extension et que le nombre des tribus s'était augmenté au point qu'il atteint aujourd'hui le chiffre de quinze.

Ces quinze tribus sont formées de soixante-dix-huit fractions.

Cette organisation a, de tout temps, été respectée par les habitants jusqu'à l'époque contemporaine du cheikh Abd-El-Aziz, auteur du *Nil*.

Ce jurisconsulte établit des élections pour les quinze tribus, et l'on choisissait, pour la gestion des affaires publiques, ceux qui étaient désignés par leurs aptitudes et leur expérience des choses pour présider aux destinées du pays.

A cette époque, on désigna, pour le pouvoir judiciaire :

1° Addoun Ben Kaçem ;

2° El Hadj Youssef ben Hammou ;

3° El Hadj Ba Fadel ;

4° El Hadj Saïd ben Addoun ;

5° Youçef ben Braham ;

6° Brahim Ben Hammou ;

7° Hammou Ben El Hadj ;

8° El Hadj Saïd Ben Ayoub,

tous membres de la tribu des Ouled-Anane, famille des Beni-Isguen.

Plus : six personnes prises dans la tribu des Ouled-Mouça et des Ouled-Idder, soit, au total, quatorze personnes dont le chef était Sid-Abd-El-Aziz, sus-nommé.

On désigna en même temps, pour exercer l'autorité administrative :

1° Omar Ben Mouça ;

2° Omar Ben El-Hadj ;

3° Merzoug Ben Mouça ;

4° Yahia Ben Abdallah ;

5° Et Mouça Ben El-Hadj,

dont le chef était Yahia ben El-Hadj, de la tribu des Ouled-Anane Beni-Isguen ;

6° Sliman ben Salah ;

7° El-Hadj ben Youçef ;

8° Addoun ben El-Hadj ;

9° Sliman Ben Ba Ahmed,

10° Aïssa ben Yahia,

dont le chef était Daoud Ben Youçef, de la tribu des Ouled-Idder ;

11° Daoud Ben Hammou Ben Daoud ;

12° Brahim Ben Bala ;
13° Sliman Ben El Hadj ;
14° Arroua Ben Salah ;
15° Zekri Ben Hammou,
ayant pour chef Daoud Ben Braham, de la tribu des Ouled-Mouça.

Tous ces représentants furent convoqués par leur chef suprême, le cheikh Abdel-Aziz, susdit, à une réunion, qui se tint dans la mosquée de la ville.

Il produisit devant eux tous les règlements anciens relatifs à l'organisation des pouvoirs publics dans le pays. Il leur a recommandé de veiller à l'application et à la mise en vigueur constante de ces règlements, de façon qu'ils ne soient jamais l'objet d'aucune violation ni transgression.

Les recommandations du cheikh furent scrupuleusement suivies pendant un certain laps de temps ; mais la mort, destructrice des douceurs d'ici-bas, s'abattit sur lui.

La présidence des assemblées échut alors à la tribu des Ouled-Anane.

Non seulement on s'efforça d'administrer suivant les principes tracés par le cheikh susnommé, mais on chercha par tous les moyens possibles à apporter plus d'égards et de bienveillance à l'égard des nationaux, des étrangers, des voisins et des caravanes qui étaient amenées dans le pays par les besoins du commerce.

Les représentants du pays usèrent aussi de la plus grande bienveillance envers l'auguste gouvernement à l'époque de la conclusion du traité.

A partir de ce moment, ils ne cherchèrent jamais à contrecarrer ses volontés ou à violer les engagements pris vis-à-vis de lui. Il serait très aisé de démontrer l'excellence des rapports que les représentants du pays eurent avec la France en prenant des renseignements dans les bureaux de l'autorité.

A l'appui des bons rapports que la tribu des Ouled-Anane a eus avec la France et d'autres, nous allons citer les faits suivants :

En l'an 1270 (1854), la tribu des Chaâmbas était dissidente ; elle refusait depuis trois ans d'acquitter les charges du baïlik ; les membres de cette tribu avaient même quitté leur territoire pour se réfugier dans le Sahara occidental.

L'auguste gouvernement, informé des menées des Chaâmbas, en avisa les gens des Ouled Anane, auxquels il laissa toute liberté pour agir à leur égard.

Aussitôt l'arrivée de la dépêche du gouvernement français, les Ouled-Anane s'empressèrent de faire partir ceux des leurs dont la parole était écoutée et les avis toujours respectés.

Ces délégués rejoignirent les Chaâmbas à une distance très éloignée, séjournèrent chez eux un mois environ, et réussirent à leur faire rejoindre leur tribu d'origine, après s'être portés garants que le gouvernement français leur accorderait l'aman (sauf-conduit). Ce sont encore les Ouled-Anane qui ont payé, de leurs propres deniers, les charges dues à l'Etat par les Chaâmbas.

Grâce à cette intervention des Ouled-Anane, les peines, les fatigues et les dépenses ont été épargnées à l'Etat français.

Un second fait :

Une insurrection s'était déclarée dans les sept Ksours du M'zab ; le feu de la révolte s'était allumé ; le chérif Mohammed ben Abdallah cherchait à tourmenter et à troubler le pays.

L'autorité de Laghouat dépêcha Chérif ben

El Ahrach En-Naïli au M'zab avec des troupes nombreuses.

Les Ouled-Anane, ayant à leur tête leur chef Addoun Ben Ba Saïd, se portèrent au-devant des contingents français ; ils les reçurent avec joie et gaîté ; ils leur portèrent des provisions, pour eux et leurs bêtes. En un mot, ils ont pourvu à tous les besoins de la troupe, donnant même de l'argent. Ils assistèrent l'envoyé du gouvernement jusqu'à la parfaite pacification du M'zab.

L'agitateur Mohammed ben Abdallah s'était enfui ; les soldats français retournèrent à leur poste sains et saufs, et les Ouled-Anane avancèrent la contribution de guerre infligée aux Chaâmbas.

Un troisième fait :

Des troubles avaient éclaté à Ghardaïa ; les juifs habitant cette localité furent mis au pillage. Saccagés, ils vinrent se réfugier aux Ouled-Anane, Beni-Isguen. Ceux-ci leur procurèrent la sécurité, calmèrent leur peur et payèrent la valeur des biens dont ils avaient été dépouillés.

J'arrête ici l'énumération des faits qui témoignent de la bonté des Ouled-Anane, car la liste en serait trop longue.

Les événements que nous venons de remémorer eurent lieu à l'époque où les Ouled-Anane avaient la direction des affaires des Beni-Isguen ; ils sont restés vingt ans à la tête de l'administration du pays.

Mentionnons maintenant les faits et gestes des Ouled-Mouça et Ouled-Idder durant la période pendant laquelle ils ont été les chefs du pays.

Ils ont d'abord commencé par abolir et mettre à néant les anciens règlements, tant au point de vue de la justice que de l'administration, et cela hors la présence des notables des Ouled-Anane...

Mais, usant de ruse et de duplicité, ils ont prétendu que les Ouled-Anane avaient coopéré à l'organisation élaborée par eux. Ils ont remis cette organisation à nos seigneurs les représentants de l'autorité, et ils s'en servaient pour administrer le pays.

En second lieu, dans le courant de 1859, un serviteur des Ouled-Sidi-Hamza était venu dans le pays du M'zab avec ses gens et ses biens; il y venait pour se livrer au commerce. Lorsque cet homme arriva, il fut arrêté par Ayoub ben Mohammed, de la tribu des Ouled Mouça et Ouled-Idder. Ce dernier, qui connaissait parfaitement l'origine de cet homme, usa de ruse, et pour trouver un motif à l'aide duquel il pût confisquer ses biens, il imagina de le faire passer pour un partisan du chérif Mohammed ben Abdallah.

Cet homme fut traduit devant le président des trois tribus. On instruisit son affaire et l'on ne tarda pas à savoir qu'il appartenait aux Ouled-Sidi-Hamza. Le président le fit conduire par Ayoub ben Mohammed, susdit, et quelques hommes des Ouled-Anane pour être dirigé à Laghouat où les représentants de l'autorité rechercheraient l'identité de cet homme, de façon à dissiper le doute.

On était à peine sorti de l'oasis de Ghardaïa, à un endroit appelé Derghal, que ledit Ayoub, trompant la vigilance de ses compagnons, assassina l'homme qui était confié à sa garde; il voulut s'emparer de ses biens; mais les Ouled-Anane qui l'accompagnaient l'arrêtèrent et le remirent entre les mains de l'autorité, qui, mise au courant de sa conduite, le fit mettre en prison, où il mourut.

Sidi Hamza, en apprenant l'assassinat de son

serviteur, résolut d'en tirer vengeance contre les Beni-Isguen. Il réunit ses contingents et vint dans cette contrée pour l'attaquer. Heureusement que les Ouled-Anane allèrent au-devant de lui, le reçurent avec joie, lui témoignèrent de la satisfaction et protestèrent de leur dévouement pour lui. En un mot, ils lui firent une réception digne des hommes généreux et lui remirent tout ce qu'il voulut.

Grâce à leur initiative, les Ouled-Anane procurèrent la paix et la tranquillité pour leur pays.

En troisième lieu, en 1870, le nommé El Hadj Youcef ben M'hammed, — avant d'avoir été investi de la présidence, — envoya un messager auprès du nommé Bou-Choucha, célèbre agitateur, et lui fit proposer de venir soulever les tribus du M'zab, promettant d'être son auxiliaire.

Bou Choucha vint à son appel et établit son camp à un endroit appelé Noumrat, à dix kilomètres de l'Oued-M'zab. Il somma les Mozabites de se soulever contre le gouvernement français, pour reconnaître son autorité.

Les gens des Ouled-Anane intervinrent alors, s'adjoignirent les autres tribus du M'zab et firent tant et si bien que l'agitateur Bou Choucha dut renoncer à ses projets et s'en retourner déçu.

En 1875, la présidence des Beni-Isguen, tribu des Ouled-Anane, échut audit El Hadj Youcef ben M'hammed, celui-là même qui avait provoqué la tentative de soulèvement dont il est parlé ci-dessus.

Voici à la faveur de quels moyens frauduleux il avait réussi à se faire élire comme président.

En 1875, les Ouled-Anane étaient divisés; une partie de cette tribu s'était jointe à la tribu des Ouled-Mouça, à laquelle appartient ledit El Hadj Youcef ben M'hammed.

Profitant de ce moment de trouble et de ce qu'une partie des Ouled-Anane était d'accord pour un moment avec sa tribu, il se fit nommer président.

Cependant, la majorité des habitants des Ouled-Anane ne l'avait pas accepté comme président.

Les Ouled-Anane comptent quarante-cinq fractions, avec neuf cent-quatre-vingt-neuf hommes, tandis que les Ouled-Mouça et les Ouled-Idder n'ont que trente-trois fractions avec sept cent quarante-cinq hommes.

Pour arriver au pouvoir, El Hadj Youçef ben M'hammed n'a accordé aux Ouled-Anane, qui sont cependant les plus nombreux, que cinq notables, ou cinq voix; mais il a eu le soin d'attribuer aux siens, les Ouled-Mouça et les Ouled-Idder, dix notables, ou dix voix.

C'est grâce à ces manœuvres qu'il s'est fait consacrer en 1882 comme président de la Confédération par l'autorité française. Celle-ci n'avait vu que la majorité qu'on lui présentait; elle ne savait pas que cette majorité était fictive. De plus, elle était sans renseignements sur la valeur des hommes.

Aussitôt son avénement, El Hadj Youçef ben Si M'hammed s'empressa d'abolir les anciens Kanouns, grâce auxquels tous les intérêts étaient justement sauvegardés; il en créa de nouveaux.

C'est ainsi qu'il a aboli l'amende pour la remplacer par la peine de l'emprisonnement. Il a écrit sur la porte de la prison : « Destiné aux Ouled-Anane. » Cet acte est anti-politique.

Bien qu'il ait eu supprimé l'amende, si l'on s'en rapportait à ses dires, il percevait en fait des sommes beaucoup plus considérables que celles édictées par les anciens Kanouns.

Suivant la coutume du pays, les nègres Ham-ria (nés dans le pays) se livrent à des réjouissances en se servant d'instruments spéciaux; ils donnent leur cérémonie à un endroit appelé Abou-Ghar.

Il en est de même des nègres esclaves, qui font des réjouissances avec leurs instruments et se livrent à certains jeux. Ceux-là célèbrent leur cérémonie de nuit à un endroit appelé Bou Drâou.

Ces réjouissances étaient tolérées depuis les temps les plus reculés; mais El Hadj Youcef ben M'hammed y apporta des entraves; ce qui fit naître dans le pays une grande agitation.

Il a encore violé la coutume concernant les femmes désignées comme juges des autres. Il a incarcéré neuf femmes appartenant à la tribu des Ouled-Anane, tandis qu'il n'a fait mettre en prison qu'une seule femme de sa tribu, Ouled-Mouça et Ouled-Idder.

Cette manière de procéder témoigne de son esprit tyrannique et arbitraire.

En 1877, une guerre s'est déclarée entre les gens d'El-Grara; leur chef Brahim ben Bou Houn y a trouvé la mort.

Les représentants de l'autorité à Laghouat, instruits de cet événement, ont fait comparaître devant eux tous ceux qui étaient soupçonnés d'avoir pris part à cette guerre ou d'avoir commis des meurtres.

Une information a été ouverte pour déterminer les responsabilités; puis, les inculpés furent renvoyés pour être jugés au M'zab par l'autorité indigène compétente.

Pendant que les prévenus se rendaient au M'zab, dont ils n'étaient plus séparés que par une trentaine de kilomètres, ils furent attaqués trattreusement, au lieu dit El-Adira, par le frère de la victime, le nommé Kassi ben Bou Houn, qui tua quinze d'entre eux et cela grâce à l'appui et à la connivence de El Hadj Youçef ben M'hammed, président, sus-désigné.

Dans le courant de 1878, El Hadj Youçef ben M'hammed, qui voulait troubler le pays, écrivit une lettre à Bou-Amama, célèbre agitateur; il le sollicitait de venir soulever le M'zab. Il l'assurait qu'il trouverait en lui un utile auxiliaire pour seconder ses desseins et lui procurer tous moyens pour les exécuter.

L'émissaire envoyé par le président auprès de Bou-Amama fut rencontré par un nommé Ziadi, des Chaâmbas, qui l'arrêta et saisit sur lui la lettre en question. Cette lettre fut remise à l'autorité supérieure, à Laghouat.

Telle est la cause de l'occupation du M'zab par l'auguste gouvernement.

Cette occupation, qui est sans profit pour la France, lui a occasionné, pourtant, des peines et des fatigues.

La conduite des Mozabites envers le gouvernement se trouvait du même coup compromise. Les Mozabites étaient en outre exposés aux sacrifices les plus lourds.

En effet, ils ne payaient à l'Etat qu'une somme de 45,000 francs, tandis qu'ils versent aujourd'hui, depuis l'installation d'un bureau au M'zab, une somme de 245,000 francs. Sur cette somme, l'Etat bénéficie seulement de 45,000 francs; la différence pourvoit à des dépenses qui ne profitent ni au gouvernement ni aux indigènes du pays.

Cette situation préjudicie évidemment aux Mozabites, qui sont pauvres, et dont le pays ne rapporte rien à cause de son peu de mouvement, et cela parce que le M'zab n'est qu'un désert.

La preuve en est dans ce fait :

La population du M'zab, qui compte 6.000 âmes (hommes probablement), en voit 4.300 dispersés dans diverses villes pour faire le commerce afin de se procurer des moyens d'existence. Les autres restent seulement dans le pays pour veiller sur les femmes et les enfants. C'est là la meilleure preuve de la pauvreté du M'zab.

Tous ces maux sont causés au pays par la tribu des Ouled-Mouça et Ouled-Idder et, aussi, parce que les affaires publiques sont gérées et administrées par eux.

En effet, depuis qu'ils sont à la tête du pays, les vols se sont multipliés ; quarante vols environ ont été commis dans un laps de temps fort court, au préjudice des Ouled-Anane seulement.

Les amendes ont pris une grande extension ; elles se chiffrent par centaines, dans un espace inférieur à six mois.

Sur les cent amendes, soixante-dix ont été infligées aux Ouled-Anane Beni-Isguen ; les trente restant, aux deux autres tribus réunies. Elles sont infligées dans la proportion de cinq francs, par exemple, quand il s'agit des Ouled-Mouça et Ouled-Idder, et de dix francs quand il s'agit des Ouled-Anane, lors même que la peine prononcée a en vue la répression des mêmes fautes.

Quant au peu de tact de ces gens, il suffit de rappeler qu'à l'occasion d'une émeute qui avait eu lieu entre les gens de Bou-Noura, El Hadj Youçef, président, envoya dans cette localité des émissaires munis de pétrole avec ordre de mettre le feu, et ils l'ont mis.

Entre autres vols commis pendant sa présidence, citons le suivant :

Un chameau appartenant à Mouça ben Ba Ahmed, des Ouled-Anane, a été volé. Recherches faites, le chameau a été retrouvé chez les Chaâmbas de Metlili. Il a été reconnu qu'il avait été vendu par deux hommes appartenant à la tribu des Ouled-Mouça et Ouled-Idder.

Le propriétaire dut payer la valeur du chameau. Quand il actionna les vendeurs du chameau, ceux-ci s'enfuirent du pays et le président ne put lui rendre justice.

C'est aussi pendant son investiture que la tolérance s'est introduite pour l'usage du vin et du tabac, la fréquentation constante des cafés et toutes autres choses que la loi et la morale réprouvent.

Ce nouvel état de choses eut pour résultat d'inquiéter les esprits et de troubler le pays.

El Hadj Youçef a été aidé dans tout ce qu'il a fait par les gens de la tribu Ouled-Mouça et Ouled-Idder. Son kalifat est son neveu, qui est un repris de justice, condamné à un an et un jour de prison ; son autre kalifat, Mohammed ben Abdellah ben El Hadj Ayoub, est aussi un repris de justice.

Pendant sa présidence, lorsque les gens raisonnables venaient pour l'inciter au bien, il répondait qu'il ne pouvait écouter leurs conseils, parce qu'il possédait un bâton en or à l'aide duquel il pouvait casser la tête de tous ceux qui chercheraient à lui résister.

Voici ce que l'on connaît de l'histoire de ce bâton d'or.

Son frère El Hadj Daoud était lieutenant de El Hadj Abd El Kader. Après l'arrestation de ce personnage et la pacification des contrées, El Hadj Daoud se rendit maître de certains trésors que Abdelkader possédait à Médéa.

Ces trésors étant dévolus à El-Hadj Youçef, celui-ci y trouva le bâton en or dont il s'agit.

Le grand'père de El Hadj Youçef avait prédit autrefois que la perte du M'zab serait causée par un de ses descendants. Cette prophétie est donc pleinement confirmée aujourd'hui.

D'ailleurs, les Ouled-Mouça et Ouled-Idder et leur chef El Hadj Youçef ont à leur actif des faits extraordinaires nombreux. Entre autres, nous citerons le suivant :

Pendant qu'il exerçait les fonctions de président, le registre des recettes et dépenses lui a été enlevé et remis à l'autorité supérieure, siégeant à Ghardaïa. Les erreurs par lui commises ont été reconnues d'une manière manifeste, et il a été relevé de ses fonctions.

Le nommé Aïssa ben Sliman, de la tribu des Ouled-Anane, l'a remplacé dans ses fonctions de président.

Dès lors, El Hadj Youçef ben M'hammed s'est mis à remuer et à troubler les tribus ; il a délégué pour ce faire Aïssa ben M'hammed, garçon de El Hadj Yahia ben Daoud. Il lui a fait délivrer une procuration par les notables des Ouled-Mouça et Ouled-Idder.

Ce fondé de pouvoirs, sur les conseils de ses commettants, cherche à convaincre le nouveau président de malversations envers les administrés, d'injustices, en lui reprochant de n'être qu'un failli et d'avoir fait de l'emprisonnement.

Or, tout cela est faux et mensonger de leur part à l'égard du sus-nommé. Or, ces gens sont habitués à compliquer les affaires. Ils ne sont jamais contents lorsqu'ils voient les autres gais et tranquilles. Il est d'ailleurs inutile de rechercher les causes de la conduite de quelqu'un lorsque cette conduite est conforme aux traditions de sa famille.

Les Ouled-Idder et les Ouled-Mouça ont avancé divers griefs à l'encontre du président actuel; ils l'ont injurié dans les journaux d'Alger.

Ainsi, le journal du 15 août dernier formule les reproches qui sont adressés au gouvernement par les habitants du pays, qui se plaignent de ce qu'on leur avait imposé un président, sans leur consentement.

Cette allégation témoigne de l'aberration de ceux qui l'ont émise; elle émane de gens de la tribu Ouled-Mouça et Ouled-Idder.

Il y a lieu de remarquer cependant que Aïssa ben Sliman a été choisi par l'autorité supérieure comme président de la Confédération justement à cause de sa conduite, qui ne laissait absolument rien à désirer.

Cela est si vrai que la fraction des Ouled-Ismaïl, comprenant cent vingt-sept hommes ayant à leur tête le nommé Mohammed ben Bou Nouh, a dû dénoncer ce chef qui intriguait contre le président Aïssa ben Sliman.

Cette dénonciation a été formulée dans une lettre portant la signature de tous les habitants de la fraction.

L'intrigant Mohammed ben Bou Nouh a fait l'objet d'une demande en révocation formulée par les habitants même de sa fraction.

Cette démarche est la preuve la plus éclatante de l'excellence des rapports qui existent actuellement entre le président, l'autorité et les administrés.

Du temps où El Hadj Youçef était président, l'on faisait payer les impôts à raison de 7 fr. 50 par personne.

Depuis l'avènement de Aïssa ben Sliman, on ne paie plus que cinq francs seulement par personne. Rendez-vous compte un peu de ce qui était payé indûment !

A l'époque où El Hadj Youçef était président, les vols étaient nombreux, et les scandales aussi.

Depuis l'avènement du président actuel, le nombre des vols s'est amoindri, ainsi que les scandales. Nous espérons que d'ici quelque temps la sécurité sera complète et la prospérité aussi.

Il y a en effet à remarquer que la présidence doit être exercée par ceux qui en sont dignes : c'est un trésor que l'on ne peut confier au hasard.

Cet aperçu a pour but d'initier les autorités compétentes aux choses du M'zab et de leur exposer avec évidence les coutumes de ce pays.

En conséquence, nous avons l'honneur d'exposer à l'autorité du M'zab que si la présidence, dans ce pays, est conférée par le gouvernement, sans que les habitants du pays aient le droit de s'immiscer en quoi que ce soit, nous sommes très satisfaits et, dès lors, nous n'avons rien à réclamer.

Tandis que si la présidence est échue à l'élection, nous demandons que les élections aient lieu soit à la majorité des fractions qui sont au nombre de soixante-dix-huit, soit à la majorité des habitants, dont nous avons indiqué le nombre plus haut.

Telles sont nos aspirations ; nous espérons que le gouvernement voudra bien y souscrire. Nous faisons des vœux pour que sa domination soit éternelle et que sa victoire soit constante à l'égard de tous ses ennemis.

Constantine, le 28 août 1800.

BRAHIM BEN YOUB.

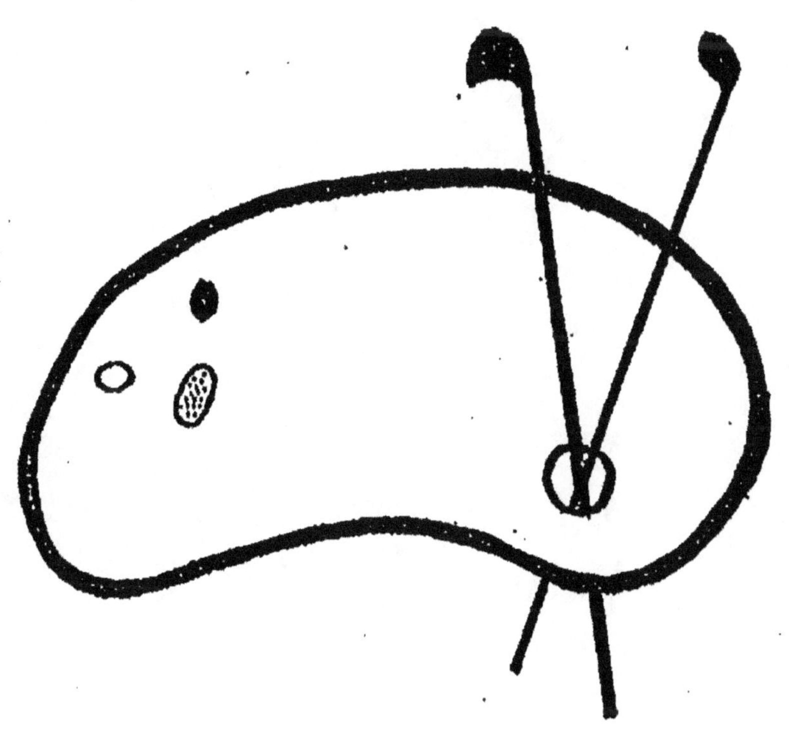

ORIGINAL EN COULEUR
NF Z 43-120-8